MW00436440

© 2017 Como diezmar con limpia conciencia
El diezmo como principio bíblico

© 2017 por Jonatán Córdova Aroste
ISBN: 9781973206316
Sello: Independently published
Ed. BibliAliento®
Publicado en Chosica, Lima, Perú.
BibliAliento, Ed. Ministerio Iglesia Bautista Cristo
es Rey.
Pastor David Jonatán Córdova Aroste.

Todos los derechos reservados. Ninguna porción de este libro podrá ser reproducida, almacenada en algún sistema de recuperación, o transmitida en cualquier forma o por cualquier medio —mecánicos, fotocopias, grabación u otro— excepto por citas breves en revistas impresas, sin la autorización previa por escrito de la editorial.

A menos que se indique lo contrario, todos los textos bíblicos han sido tomados de la Santa Biblia, Versión Reina-Valera 1960 © 1960 por Sociedades Bíblicas en América Latina.

1

COMO DIEZMAR
CON LIMPIA CONCIENCIA

"El Diezmo como Principio Bíblico"

Jonatán Córdova Aroste

BibliAliento

COMO DIEZMAR CON LIMPIA CONCIENCIA
Un duro aprendizaje.

Tenía 17 años de edad cuando empecé a diezmar por primera vez, no tenía un trabajo estable por lo que tampoco ganaba un sueldo fijo. Pero lo que si tenía eran unas ganas enormes por contribuir al sostenimiento del ministerio en mi nueva familia, la iglesia de Cristo. Algo curioso con respecto a esto, es que nadie me había enseñado que debo diezmar o que no debo hacerlo, la simple lectura de la biblia y el amor creciente a Dios me llevaron a ello.

Pasaron 4 años más, cuando el nuevo pastor de nuestra iglesia comenzó a imponer el diezmo como una obligación para servir en el ministerio. Además, si uno no diezmaba fielmente tampoco podía participar en las asambleas o reuniones importantes de la iglesia; no era considerado alguien maduro espiritualmente hablando.

Por otro lado, todo el servicio en nuestra iglesia comenzó a girar en torno al diezmo. Las predicaciones se trataban, en un 80%, sobre ese tema. La consejería o la visitación se volvieron un medio para persuadir o imponer a los hermanos a que no dejen de diezmar.

Me sentí muy triste cuando una hermana me comentó que el pastor la había llamado a su oficina. Me dijo ella: *Me sentí tan feliz, no me importaba si él me reprendía por mi dejadez espiritual. Estaba dispuesta a aceptar cualquier reprensión y comenzar a crecer porque sentía que se preocupaban por mí. Pero que desilusión tan grande, cuando ingresé a su oficina, lo primero que me dijo es "hermana la he llamado porque veo que usted no ha diezmado hace dos semanas", sinceramente me ha quitado todas las ganas de seguir aquí.*

Por experiencias como éstas es que muchos ya no pueden diezmar con limpia conciencia. Otros han comenzado a realizar una gran campaña en contra del diezmo. Y por cosas como éstas es que decidí escribir este libro. Gracias a Dios que a pesar de tan duras experiencias (con varios líderes carnales) mi conciencia sigue estando libre para ofrendar y diezmar a Dios con devoción, amor y con mucho gozo.

Contenido

INTRODUCCIÓN:

Una pregunta muy importante, para la iglesia de nuestro tiempo, es: ¿Cómo diezmar con limpia conciencia?

No podemos dar respuesta a esta interrogante si es que primero no definimos bien lo que es diezmar por principio bíblico y no por ley. Hay una gran diferencia entre lo uno y lo otro.

El diezmo como principio trae verdadero gozo y libertad al pueblo de Dios, mientras que el segundo ha sido (y sigue siendo) usado por muchos hombres carnales para beneficiarse económicamente a costa de la fe y el temor de los demás.

Así que, primero realizaremos una defensa a la práctica del diezmo como un principio para la iglesia de hoy, y luego daremos algunos consejos de cómo diezmar sin ningún cargo de conciencia en la mente o en el corazón.

Objetivos:

1. Nuestro propósito no es atacar a ninguna persona o grupo en particular. Lo que pretendemos es brindar las directrices necesarias para el buen entendimiento y por

ende una mejor práctica del diezmo como principio.

2. Nuestro objetivo principal es que tú, como creyente, puedas ejercer tu vida de fe con limpia conciencia. Ya sea que hayas llegado hasta aquí para despejar dudas en cuanto a si debas o no debas diezmar; o para fortalecer tu conocimiento acerca del tema; o buscando un material de enseñanza; lo que queremos es ayudarte a que sirvas al Señor con agrado y devoción.

3. Por otro lado, queremos brindarte los principios necesarios para que puedas identificar el momento cuando alguien esté abusando del diezmo y las razones por las que no debas diezmar en ciertas congregaciones o sencillamente abandonar dichos "lugares".

4. Como último objetivo, pretendemos elaborar un breve material, como herramienta de enseñanza, para los muchos siervos que tengan a bien recibirlo si lo hallan bíblico y provechoso para la enseñanza y el discipulado en sus congregaciones.

UNA DEFENSA AL PRINCIPIO DEL DIEZMO.

La creciente ola de ataques que se vienen dando contra el "diezmo" en realidad no está afectando a los falsos maestros que se aprovechan de la fe de los incautos, sino más bien a los pastores verdaderos que prestan un servicio incondicional en la obra de Dios. Por tal motivo, nos hemos propuesto elaborar una breve defensa al diezmo bíblico, entendiendo esto, como un principio, no como una ley.

A. Diferencias entre diezmo como principio y diezmo como ley.

EL DIEZMO COMO LEY: Lo daban los judíos en el antiguo pacto.

1. Si practicáramos el diezmo por ley entonces no sería un privilegio, ni tampoco una ofrenda, sería una obligación que cumplir.

2. Seríamos legalistas, basando nuestra espiritualidad, y hasta nuestra salvación, en obras. Buscando nuestro propio beneficio y no la debida adoración a Dios.

3. Nos colocaríamos bajo el castigo o maldición de la ley.

4. Se haría más difícil practicar el principio de "dar por amor".

5. Permitiríamos que algunos se impongan sobre otros.

6. Enseñaríamos a la iglesia a ser mezquina y soberbia.

7. Haríamos de la "vida de fe" una religión más en el mundo.

EL DIEZMO COMO PRINCIPIO: Lo da la iglesia en el nuevo pacto.

1. No nos basamos en la ley para establecer una doctrina, tributo u obligación al pueblo de Dios. Sino que aprendemos de los principios (verdades, fundamentos) que existieron antes, durante y después de la ley para diezmar apropiadamente. Todo principio nace del carácter de Dios y nos enseñan a caminar como a él le agrada.

2. Es una ofrenda de amor, que se da en común acuerdo y voluntariamente.

3. Es una buena forma de organizarnos para cubrir las necesidades.

4. No es legalista, es más bien un acto de gratitud y una correspondencia a la salvación que hemos recibido por gracia. Para que otros también la puedan recibir mediante el ministerio del evangelio al cual sostenemos con amor.

5. No coloca a nadie bajo castigo o maldición, ni permite que algunos se impongan sobre otros.

6. Enseñamos a la iglesia a dar generosamente, por amor y por fe, como Dios lo espera. Otorgándole una correcta adoración y un servicio adecuado.

7. Cumple con los principios del "dar" que fueron establecidos por Dios cuando se puso un orden para los donativos de las iglesias de Macedonia y Acaya; también para la ofrenda misionera de los filipenses; y para el sostenimiento de los siervos, estipulado a través de Pablo, en 1 Corintios 9 y 1 Timoteo 5. Detallaremos esto más adelante.

"Queremos distinguir claramente entre el "principio del diezmo y "la ley del diezmo". Las leyes pueden ser hechas y abrogadas, pero 'los principios son eternos'. El principio estaba en acción mucho antes que la ley del diezmo fuese establecida por Moisés. El principio permanece en vigor aunque la ley Mosaica fue clavada a la cruz. La distinción principal entre el principio y la ley es que cuando uno acepta el principio del diezmo, la obligación de dar es de adentro. Es voluntario. Uno no está obligado a diezmar así como no está obligado a ser bautizado. En la ley la coerción es de afuera, e involuntaria. El principio se aplica a los libres, la ley a los esclavos. El principio hace una apelación infinitamente más noble. Está en la coerción de perdonar, amar, o servir." (John G. Alber)[1]

---

[1] John Albert; El principio del diezmo; Ideogramma

B. Algunas causas para el ataque al diezmo bíblico.

Cuando lleguemos al capítulo siguiente, responderemos los argumentos contrarios al diezmo, usando de una buena interpretación de las Escrituras y los principios correctos de argumentación. Por ahora, sólo vamos a señalar algunas causas que suscitan los ataques al diezmo. Dios nos guíe mediante su Santo Espíritu a toda la verdad.

Veamos, entonces, las razones por las que muchos se oponen a la práctica del diezmo:

La ignorancia bíblica, y de interpretación, que hay en las iglesias.

Para el año 2013, la revista *LifeWay Research* había realizado una encuesta sobre un aproximado de 3,000 personas que eran miembros de diferentes iglesias locales. Los resultados fueron alarmantes: La mayoría de creyentes entrevistados no sabían cómo explicar su fe personal aunque tenían una ligera información sobre la enseñanza doctrinal de sus congregaciones; y el 15% de los evangélicos no sabían absolutamente nada sobre asuntos bíblicos tan básicos como la salvación, la Biblia o la naturaleza de Dios.

Ejemplos como éste, y la experiencia de muchos años, nos dicen que la mayoría de los creyentes saben versos de memoria, y el nombre de ciertos temas en particular que les han sido trasmitidos, pero no saben interpretar las Santas Escrituras por sí mismos. Esto es una deficiencia que nos retrocede mucho en la aplicación correcta de los principios bíblicos cristianos.

Por este motivo, la mayoría de cristianos evangélicos otorgan una pobre argumentación bíblica sobre el diezmo. Esto genera que en muchas congregaciones se haga una mala aplicación de los principios bíblicos; o que sencillamente, los creyentes repitan verbalmente varios mitos (en cuanto al diezmo) como si fuesen verdades bíblicas.

Aunque la mayor parte de los que hacen esto lo hagan sin malas intenciones, sólo están alentando el pensamiento de quiénes creen tener todo el sustento suficiente para abolir la práctica del diezmo para hoy.

Dios tiene algo, muy enfático, que decir al respecto de esto: "*Mi pueblo fue destruido, porque le faltó conocimiento...*" (Oseas 4:6)

La falta de enseñanza clara sobre el tema.

Con respecto a la encuesta que mencionamos anteriormente, *LifeWay* atribuye éstos y otros preocupantes resultados al descuido que muchas iglesias han hecho del discipulado personal o grupal; de las escuelas bíblicas y de los cultos de estudio. Todo esto se ha sustituido por eventos; cultos familiares; y otro tipo de actividades; que no son necesariamente "malas prácticas" pero que le han restado la prioridad e importancia a la enseñanza diligente de la Biblia.

Apliquemos esta realidad al tema de los diezmos: La mayoría de los maestros bíblicos solamente otorgan una enseñanza superficial acerca del diezmo. Prefieren ponerlo como un deber más que todos están obligados a cumplir. La falta de enseñanza, la ignorancia bíblica, y la incapacidad de dar una buena argumentación, conducen también a una secuencia de mala enseñanza en cadena. "Lo mal aprendido, mal se trasmite".

Por esto, en muchas congregaciones no se enseña correctamente la diferencia que hay entre el diezmo como principio y como ley. Muchos pastores terminan imponiendo el diezmo sin mayor explicación que citar algunos versos bíblicos que les avale. Otros lo colocan como un requisito para participar en el ministerio (esto es manipulación disfrazada de espiritualidad) y otros usan de ciertas artimañas para intimidar a su congregación con el fin de que diezmen obligadamente.

Ante todo esto, surgen muchos opositores que se dan cuenta de esta debilidad, y atacan la enseñanza bíblica del diezmo sin atacar la verdadera fuente del problema.

El abuso por parte de pseudos maestros.

En Octubre del 2015, la página de Facebook "Anonymous Templarios" había publicado unas fotografías con las mansiones de los 8 pastores evangélicos más ricos del mundo.

En la lista aparecen nombres como: Steven Furtick, con una mansión de 3.4 millones de dólares; Crefki Vollar, con una mansión que valía para ese año unos 5.9 millones de dólares; Joel Osteen, y su mansión valorada en 10 millones de dólares; Guillermo Maldonado, su casa ascendía al valor de 7.4 millones de dólares; Joyce Meyer, cuya mansión costaba 11.4 millones; Kenneth Copeland, mansión de 2.3 millones; Benny Hinn, con una mansión de 10 millones; y los pastores Paul y Jan Crouch, con una mansión valorada en nada más y nada menos que 25 millones de dólares.

De inmediato, esto se volvió viral, mucha gente (cristiana y no cristiana) comentaron con mucha indignación. Esto dio parte a que el morbo contra los pastores en general creciera en la sociedad.

Como vemos, las mentes codiciosas de algunas personas, acompañadas de una gran astucia, han encontrado en el uso del diezmo una oportunidad gigante para las ganancias económicas fáciles. Esto, desde luego, no es un tema sólo de hoy, los mismos apóstoles tuvieron que lidiar con falsos maestros que trastornaban la verdad por ganancias deshonestas, como vemos a continuación:

*"porque raíz de todos los males
es el amor al dinero, <u>el cual
codiciando algunos, se
extraviaron de la fe</u>, y fueron
traspasados de muchos dolores"*
(1 Timoteo 6:10)

*"<u>y por avaricia harán
mercadería</u> de vosotros con
palabras fingidas. Sobre los
tales ya de largo tiempo la
condenación no se tarda, y su
perdición no se duerme"*
(2 Pedro 2:3)

Era tanto así, que fue necesario implementar una serie de requisitos entre los cuales estaba bien marcada la regla de que un siervo de Dios no debía ser alguien codicioso de ganancias deshonestas:

*"no dado al vino, no
pendenciero, <u>no codicioso de
ganancias deshonestas</u>, sino
amable, apacible, no avaro"*
(1 Timoteo 3:3)

*"Porque es necesario que el
obispo sea irreprensible, como
administrador de Dios; no
soberbio, no iracundo, no dado
al vino, no pendenciero, no
codicioso de ganancias
deshonestas"*
(Tito 1:7)

*"Los diáconos asimismo deben
ser honestos, sin doblez, no
dados a mucho vino, no
codiciosos de ganancias
deshonestas"*
(1 Tim 3:8)

Si lo notamos bien, la misma Biblia, de
antemano, nos ofrece la solución al abuso de los
falsos maestros. Pero no nos dice que hagamos
una guerra contra la enseñanza del diezmo, esa
no es la fuente. La fuente es el corazón de los
hombres. Lo que la Biblia dice es sencillo: *Que
pongamos más atención en los requisitos
bíblicos a la hora de establecer líderes en la
iglesia.*

Las razones sin causa aparente.

Con esto nos referimos a las personas que simplemente se oponen al diezmo porque sí. No hay razón aparente para ello, o sencillamente no quieren diezmar y por eso se oponen a la práctica del diezmo en la iglesia cristiana.

Bueno, decimos "razón aparente" porque ellos no dan una razón básica para su oposición al diezmo, pero nosotros podemos atribuirlo a dos posibles causas: (*1*) *Por la influencia que el enemigo hace. (2) Por la condición de sus propios corazones.* Las explicamos a continuación:

Por la influencia que el enemigo hace:

"El General George S. Patton fue un estudioso de la historia. Por supuesto, su campo eran las estrategias y batallas militares. Estudió incluso los guerreros antiguos y su pericia militar. Durante una de sus batallas contra el famoso mariscal de campo, Rommel, Patton gritó sobre el rugir del fuego de artillería: "¡Leí tu libro Rommel... leí tu libro!" Rommel había escrito sus estrategias de batalla de la Primera Guerra Mundial en un libro titulado Infanterie Greift.

N.T. El general Patton, habiendo leído su libro, conocía la mentalidad de su adversario y, por lo tanto, tenía la ventaja sobre su enemigo." (Daniel G. Caram) [2]

Caram nos ilustra la importancia de conocer al enemigo para mantenernos seguros en la victoria. El apóstol Pablo nos enseña que esta verdad se aplica también en la batalla espiritual: *"para que Satanás no gane ventaja alguna sobre nosotros; pues no ignoramos sus maquinaciones."* (2 Corintios 2:11)

Así que, para los que hemos decidido no ignorar las artimañas del diablo, no es ninguna novedad que el enemigo siempre está viendo la manera en oponerse o tirar abajo la obra de Dios de diversas maneras (*"...el cual se opone y se levanta contra todo lo que se llama Dios... tanto que se sienta en el templo de Dios como Dios, haciéndose pasar por Dios. 2Ts.2:4).* Para esto, una de las estrategias que él suele usar es la división.

Una de las maneras en las que Satanás crea divisiones es disfrazándose de un héroe que viene al rescate de supuestos creyentes estafados

---

[2] *Caram, Daniel G.; "La caída y resurgimiento de la iglesia cristiana", P.5*

o abusados. Así vemos hoy, por ejemplo, muchos "héroes virtuales" en las redes sociales, que están publicando diariamente cosas en contra de los principios de Dios sabiendo que aquello será leído por muchos incrédulos. Casi todos hemos notado esto, pero no todos advierten que la fuente de estos ataques está en el gran enemigo de Dios.

Satanás sabe perfectamente que si hay confrontaciones entre los miembros de la iglesia, y más si son públicas, el testimonio ante los incrédulos se verá muy mal, por lo tanto la obra local de Dios se detendría. Es triste ver que Satanás viene cumpliendo este objetivo en muchos lugares.

Otra de las formas en que Satanás pretende dañar la obra de Dios es seduciendo la naturaleza pecaminosa de muchos cristianos débiles. Esto último, lo veremos enseguida.

Por la condición de sus propios corazones:

Hace poco tiempo compartí, en mi perfil social, un extracto del libro de John Alber, en cual se explicaba que el diezmo es practicado hoy como un principio y eso es más fuerte que la ley. Inmediatamente un opositor abierto del diezmo comentó en mi post: "*Te gusta el dinero...*" A lo que yo respondí: "*Acepto el insulto como una honra... Sin embargo, también pregunto: ¿A quién le gusta más el dinero, al que lo da o al que se niega a darlo?*"

Hice esa pregunta porque, es obvio, que si yo enseño el principio del diezmo soy uno de los que practica este principio fielmente, si amara el dinero sencillamente no lo enseñaría.

La razón más segura, por la que muchos no quieren practicar el diezmo, o que se opongan a éste, es por la naturaleza pecaminosa que les domina.

Un corazón egoísta, insensible, mezquino, ingrato, y carnal, no querrá participar en el privilegio de sostener el trabajo del evangelio. Hablarles del diezmo es tocar una llaga muy profunda en sus costados.

Cuando el creyente tiene un problema fuerte en su corazón con respecto al área financiera, no aprenderá el principio del diezmo. Siempre lo verá como una gran carga que soportar o a la cual renunciar de una vez por todas.

Una de las cosas que hemos podido comprobar para decir esto, se trata del análisis que hemos realizado a las personas que normalmente se oponen al diezmo. Ninguna de ellas está en contra del diezmo para dar más que el diezmo, sino para dar menos que el diezmo o simplemente para no dar.

ERRORES COMUNES EN LOS OPOSITORES DEL DIEZMO BÍBLICO.

Error #1: Generalización o universalidad.

Es muy seguro que usted haya escuchado frases como: *"Todos los políticos son corruptos"*, o *"Todos los hombres son iguales"*. Pero también es seguro que a nadie le gusta ser calificado de cierta manera sólo por el grupo al que pertenecen.

Así es la generalización, es absurda y hasta dañina. Como dice Dumas:

> *"Todas las generalizaciones son peligrosas, incluida ésta."*
> *Alejandro Dumas (hijo) (1824-1895) Escritor francés.*

Como ya mencionamos, la base del ataque contra el diezmo, para muchos opositores, se relaciona con el abuso que varios pseudos-cristianos están haciendo de esta enseñanza. Pero, el error de ellos descansa en lo que comúnmente se conoce como "*meter a todos en el mismo costal*".

Si tan sólo usáramos el sentido común, llegaríamos a la conclusión de que no todos los pastores se enriquecen con el diezmo. También, la experiencia real nos dice que no todos los pastores reciben "el diezmo total" de sus congregaciones, como salario. Entonces, no todos están abusando de este derecho a ser sostenidos.

Es más, las estadísticas revelan que los pastores pobres y con bajos recursos superan en muchísimas cantidades a los que se hacen ricos con el diezmo. Como ya hemos visto, el tema de la ganancia ilícita no es algo nuevo para la iglesia, la Biblia ya nos demostró eso.

Entonces, muchos cometen un gran error al pretender anular el principio del diezmo bajo la excusa de que "todos" los pastores se enriquecen o abusan del diezmo. Al hacer esto, estamos dañando el testimonio y el ministerio de muchísimos siervos sinceros que sirven bajo los principios bíblicos de Dios.

"Generalizar siempre es equivocarse."

Hermann Keyserling (1880-1946)
Filósofo y científico alemán.

Error #2: Desacreditar la enseñanza debido a que algunos la practican mal.

Ni la generalización, ni la desacreditación por mala práctica, son una buena base para defender una postura. En el campo de la lógica y el debate existen reglas para evitar los errores, entre éstas se menciona la falacia *"Argumento ad hominen"*, la cual consiste en dar por sentada la falsedad de una afirmación o de un argumento tomando como referencia quién es el emisor de éste.

Aplicando esta falacia al caso del diezmo, esto vería así:

> **Premisa***: "Los pastores codiciosos enseñan el diezmo para aprovecharse de los demás y obtener muchas ganancias."*

Conclusión: *"El diezmo, por lo tanto, es una doctrina mala que hace mucho daño a los demás."*

Esto anterior es una falacia, lo correcto sería:

Premisa 1: *"Hay algunos pastores que son codiciosos y enseñan el diezmo para sus propias ganancias."*

Premisa 2: *"Pero muchos pastores son fieles y enseñan el diezmo para los propósitos de Dios."*

Conclusión: *No todos los pastores son codiciosos, y la enseñanza del diezmo no es mala. Los malos son los "falsos pastores" que abusan de tal enseñanza.*

Así que, si quieren encontrar una mejor base para el uso del diezmo, deben centrar más su mirada en los muchos siervos fieles que en los pocos falsos que existen.

ATENCIÓN: El tema del diezmo no es la única verdad bíblica que los falsos maestros tuercen para su conveniencia. Hay un conjunto de doctrinas, principios y hasta mandamientos de la Biblia, que se usan de una manera errada. Pero sería un gran error basar la falsedad o veracidad de estas enseñanzas por la forma en que las usen dichos personajes.

Error #3: El uso o ausencia de términos.

Cada vez son más las personas que se están inclinando a confiar en una teoría, que viene circulando por el internet, en la que se afirma que la tierra es plana y que el mundo ha vivido engañado por cientos de años.

Lo increíble de esto, es que algunos han mezclado el asunto con la Biblia. Si usted intenta persuadir a estas personas de su error, como yo intenté hacerlo, lo primero que te dirán es: *"muéstreme un pasaje en la Biblia donde diga que el planeta tierra es una esfera"* sino le muestras el pasaje (porque no existe ese verso literal), ellos te pedirán que demuestres lo que dices con pruebas tangibles, pero tú no tienes un cohete para llevarlos fuera del planeta y fotografiarlo. Dicho sea de paso, ellos no aceptan las pruebas dadas por la NASA ni por ningún gobierno ya que los consideran parte del gran engaño. ¿Cómo responderá?

Por supuesto, usted le dirá: bueno no puedo darle ese texto bíblico ni llevarlo fuera del planeta, pero podemos apelar a la razón, analizar las evidencias, comprobar con los sentidos. En fin, ver el panorama completo y deducir que la tierra en verdad es una esfera.

Bueno al parecer esa frase *"muéstreme en que verso dice..."* se está volviendo muy común a la hora de interpretar o debatir ciertas enseñanzas.

Pero esto no es nada más que otro común error de razonamiento, que suele emplearse, aunque sea una falacia, cuando se trata de ir en contra de algunas enseñanzas bíblicas. Quizá usted haya escuchado algunas como:

"Esa palabra no está en la Biblia, por lo tanto esa doctrina no existe"

"Ese término no fue usado en el nuevo testamento, por lo tanto no es válido"

"Si no lo mencionaron literalmente los apóstoles entonces es una mentira"

Pero, el hecho de que el "nombre" de una doctrina, o de un "principio", no estén escritos literalmente en la Biblia, no hace falsa dicha doctrina o dicho principio.

Los cristianos evangélicos tenemos varias doctrinas, prácticas, y principios, cuyos términos específicos no están contenidos literalmente en la Biblia. Veamos algunos ejemplos:

Ejemplos de doctrinas:

- *"La Divina Trinidad"*
- *"La Unión hipostática de Cristo"*
- *"La Iglesia Local"*

Ejemplos de prácticas:

- *"Hacer el devocional"*
- *"Congregar los domingos"*
- *"Campañas evangelísticas"*
- *"Liderazgo eclesiástico"*
- *"Bautismo por inmersión"*
- *"El co-pastorado" o también el "pastor interino"*

Ejemplos de principios:

- *"No debemos fumar un cigarrillo"*

- *"Debemos evitar beber alcohol"*

- *"No escuchar música mundana"*

- *"Debemos ser puntuales al culto"*

Si yo diría que todas estas frases son malas enseñanzas simplemente porque no están contenidas literalmente en un verso bíblico estaría en un grave error. Lo mismo sucede con aquellos que dicen que el diezmo no se mencionó literalmente en el Nuevo Testamento y que, por lo tanto, esta es una doctrina mala o falsa.

Si pretenden ser consecuentes con su manera de interpretar, entonces muchas doctrinas, y también muchas otras enseñanzas y prácticas cristianas, cuyos nombres no estén contenidos literalmente en un verso bíblico, tendrían que ser halladas totalmente falsas.

En el siguiente apéndice veremos cómo responder a este tipo de ataques, usando la doctrina de la Trinidad como ejemplo:

Apéndice A.

¿ES FALSO EL PRINCIPIO DEL DIEZMO PORQUE NO ES MENCIONADO COMO UN MANDATO ESPECÍFICO PARA LA IGLESIA?

Es absurda la forma que algunos tienen de interpretar los principios bíblicos. Dicen que como los apóstoles no dieron una palabra específica sobre el diezmo, y que no hay ningún mandamiento en el NT a darlo, ni a cómo darlo, o en qué usarlo, entonces el principio del diezmo es falso.

Sin embargo, al mismo tiempo, ellos están convencidos de doctrinas que ni siquiera se mencionan en toda la Biblia. Por ejemplo, vamos a aplicar su forma de interpretar la Biblia a la doctrina de la Trinidad:

1. ¿Algún apóstol dio una palabra específica sobre la Trinidad? - NO
2. ¿Hay algún verso específico que diga que "debamos creer en la doctrina de la Trinidad"? - NO
3. ¿Hay algún mandamiento a adorar a la Trinidad? - NO

4. ¿Está el credo de la Trinidad (*tres hipóstasis distintas subsistiendo en una sola e indivisible sustancia...*) contenido literalmente en alguna parte de la Biblia? - NO

5. ¿Hay alguna mención sobre porqué debemos creer en la Trinidad, cómo es, como enseñarla, etc.? - NO

Créanlo, si hubiera todo esto, no habría tanta gente que, usando la misma Biblia que nosotros, son unitarios.

¿Todo esto hace que la Trinidad sea una doctrina falsa? ABSOLUTAMENTE NO.

¿Cómo entonces creemos en la Trinidad? Por el estudio profundo y sistemático de toda la Biblia. Se llega a la conclusión de esta doctrina a través de deducciones correctas al panorama bíblico completo.

Es así también con el principio del diezmo. Por lo tanto, queda derribado ese argumento del "contenido específico".

¿Por qué Jesús o los apóstoles no hablaron mucho del diezmo?

Una de las razones básicas es que no se necesitaba hablar sobre algo que ya se tenía muy en cuenta en la práctica de los primeros creyentes; y no sólo eso, sino que iban mucho más allá del diezmo, como explica Broda:

"Jesús no habló más del diezmo por cuanto Él estaba exigiendo en esos momentos de sus discípulos el 100 × 100 de lo que eran, sabían y tenían. Jesús tenía razón, ¿cómo demandaríamos el diezmo de los primeros convertidos? ¡Era ridículo!, si ellos lo dieron todo. Hasta vendían sus posesiones para que los discípulos contaran con los recursos necesarios para realizar la labor encomendada por el Señor." [3]

Error #4: Despreciar al diezmo por ser Antiguo Testamentario

Una de las razones más fuertes para estar en contra del diezmo, es aquella con la que pretenden sostener que el diezmo es malo, o que no debería practicarse en la iglesia, porque es un

[3] Broda, A. (2001). *Administración: Principios gerenciales para líderes cristianos* (p. 132).

asunto veterotestamentario. Muchos están convencidos de que este argumento es irrefutable.

Se suele pensar que como el diezmo fue parte de la ley judía, y fue dado a un pueblo específico, ahora que estamos bajo la gracia no deberíamos guardar cosas que estén prescritas en esa ley.

Pero, un momento, al intentar defender sus planteamientos de esta manera, lo único que están haciendo es afectar negativamente a gran cantidad de enseñanza bíblica para la iglesia. Ya que, si pretendemos abolir el principio del diezmo por ser veterotestamentario, para ser justos, tendríamos que abolir también todos los principios bíblicos que estén sostenidos en el Antiguo Testamento.

Principios o verdades tales como:

El Nuevo Testamento es el cumplimiento real del Antiguo no su final.

"No penséis que he venido para abrogar la ley o los profetas; no he venido para abrogar, sino para cumplir." Mateo 5:17

Más adelante veremos en qué sentido el nuevo pacto abolía el antiguo. Por ahora, basta decir que Cristo nunca pretendió abolir los principios contenidos en la ley del antiguo testamento o que eran antes que ésta. Muy por el contrario, Cristo trajo consigo la posibilidad de cumplir, en manera más acertada, los principios que encontramos en la ley.

El principio de la regla de oro está sostenido en la ley.

> *"todas las cosas que queráis que los hombres hagan con vosotros, así también haced vosotros con ellos; porque esto es la ley y los profetas."* Mateo 7:12

Esta forma de amor tan práctico lo estableció el Señor mismo y hoy es enseñado también en muchas de nuestras congregaciones. El tema es que dicha enseñanza está fundada en la Escritura del Antiguo Testamento. Por lo tanto, cuando hoy enseñamos, con mucha pasión a la iglesia, el principio de la regla de oro, estamos enseñándoles en realidad la ley y los profetas del antiguo testamento.

El principio del amor a Dios y al prójimo, está sostenido en la ley.

> *"Maestro, ¿cuál es el gran mandamiento en la ley? Jesús le dijo: Amarás al Señor tu Dios con todo tu corazón, y con toda tu alma, y con toda tu mente. Este es el primero y grande mandamiento. Y el segundo es semejante: Amarás a tu prójimo como a ti mismo. De estos dos mandamientos depende toda la ley y los profetas. Porque toda la ley en esta sola palabra se cumple: Amarás a tu prójimo como a ti mismo".* Mateo 22:36-40

Es interesante notar que aunque Jesús está hablando con judíos bajo el antiguo pacto, luego este principio es enseñado a la iglesia por los escritores del nuevo testamento.

Santiago lo hace literalmente:

38

"Si en verdad cumplís la ley real, conforme a la Escritura: Amarás a tu prójimo como a ti mismo, bien hacéis" Santiago 2:8 (Gálatas 5:14)

Esto es sencillo de entender: cuando enseñamos a la iglesia a amar a Dios y amar al prójimo les estamos enseñando a cumplir los principios eternos contenidos en la ley del antiguo testamento.

El principio de la fidelidad en el matrimonio se sostiene en la ley.

"La mujer casada está ligada por la ley mientras su marido vive; pero si su marido muriere, libre es para casarse con quien quiera, con tal que sea en el Señor." 1 Corintios 7:39 (Mateo 5:31-32)

Si usted es de los que cree en la fidelidad en el matrimonio está practicando principios basados en el Antiguo Testamento.

Pablo enseñó claramente que todo lo que proviene de la ley de Dios, no puede volverse luego algo malo.

"De manera que la ley a la verdad es santa, y el mandamiento santo, justo y bueno." Romanos 7:12

Pablo nunca despreció que se guarde o que se cumpla la ley como principios para la vida espiritual del creyente. Lo que él enseñaba se trataba de no poner la esperanza de salvación en creer que uno podría guardar la ley a la perfección, porque esto era confiar en sí mismo y rechazar la obra suficiente de Cristo. También enseñaba que esta ley no debía imponerse sobre los demás como un medio de justificación.

El principio de pagar todas nuestras deudas por amor de Dios, está sostenido en la Ley.

"No debáis a nadie nada, sino el amaros unos a otros; porque el que ama al prójimo, ha cumplido la ley. Porque: No

adulterarás, no matarás, no
hurtarás, no dirás falso
testimonio, no codiciarás, y
cualquier otro mandamiento, en
esta sentencia se resume:
Amarás a tu prójimo como a ti
mismo. El amor no hace mal al
prójimo; así que el
cumplimiento de la ley es el
amor." Romanos 13:8, 10

De manera que si usted cree que pagar nuestras
deudas, amar al prójimo, y no hacerle ningún
daño, son buenos principios que la iglesia de hoy
tiene que practicar está usando la ley del antiguo
testamento como aplicaciones o principios
prácticos para hoy.

El principio, y mandamiento, sobre la sumisión de la mujer en la congregación está sostenido en la ley.

"vuestras mujeres callen en las
congregaciones; porque no les
es permitido hablar, sino que
estén sujetas, como también la
ley lo dice." 1 Corintios 14:34

Si usted cree que hay un orden de sumisión establecido, tanto en el hogar como en la iglesia, para la mujer. Ese principio descansa en la ley del Antiguo Testamento.

Incluso Pedro nos enseñó, al usar el ejemplo de Sara con Abraham, que este es un principio que viene mucho antes de la ley (1 Pedro 3:1-6). Tal como lo es, también, el principio del diezmo.

El principio de no murmurar contra los hermanos está sostenido en la Ley.

"Hermanos, no murmuréis los unos de los otros. El que murmura del hermano y juzga a su hermano, murmura de la ley y juzga a la ley; pero si tú juzgas a la ley, no eres hacedor de la ley, sino juez." Santiago 4:11

Alguien que murmura de los otros, se coloca en el lugar del dador de la ley. Le quita a Dios su papel de juez. Por esto no se debe juzgar a nadie. Este principio está sostenido en el Antiguo Testamento.

Todo lo que acusamos como pecado está sostenido en base al conocimiento de la Ley.

"Todo aquel que comete pecado, infringe también la ley; pues el pecado es infracción de la ley." 1 Juan 3:4 (Santiago 4:17)

La iglesia de hoy no tiene ningún problema en aceptar la enseñanza contra el pecado. Pero ¿Qué base tenemos para decir qué es pecado y qué no lo es? Pues la ley del Antiguo Testamento.

La promesa de la Justicia por fe, a todos los hombres, está basada en la Escrituras del Antiguo Testamento.

"Porque ¿qué dice la <u>Escritura</u>? Creyó Abraham a Dios, y le fue contado por justicia." Romanos 4:3

"Y la <u>Escritura</u>, previendo que Dios había de justificar por la fe a los gentiles, dio de antemano la buena nueva a Abraham,

43

diciendo: En ti serán benditas
todas las naciones. De modo
que los de la fe son bendecidos
con el creyente Abraham."
Gálatas 3:8

Si no fuese así, la promesa se hubiera quedado sólo con los judíos o Pablo hubiera estado inventado una nueva revelación.

Pablo afirma que la Escritura del Antiguo Testamento se ha escrito directamente para nuestra enseñanza y exhortación.

"Porque las cosas que se <u>escribieron</u>
antes, para nuestra enseñanza se
escribieron, a fin de que por la
paciencia y la consolación de las
<u>Escrituras</u>, tengamos esperanza."
Romanos 15:4

"Y estas cosas les acontecieron como
ejemplo, y están <u>escritas</u> para
amonestarnos a nosotros, a quienes
han alcanzado los fines de los siglos."
1 Corintios 10:11

"Pero persiste tú en lo que has aprendido y te persuadiste, sabiendo de quién has aprendido; y que desde la niñez has sabido las Sagradas Escrituras, las cuales te pueden hacer sabio para la salvación por la fe que es en Cristo Jesús. Toda la Escritura es inspirada por Dios, y útil para enseñar," 2 Timoteo 3:14-16

Pedro también lo afirmó:

"A éstos se les reveló que no para sí mismos, sino para nosotros, administraban las cosas que ahora os son anunciadas por los que os han predicado el evangelio por el Espíritu Santo enviado del cielo; cosas en las cuales anhelan mirar los ángeles." 1 Pedro 1:12

"Tenemos también la palabra profética más segura, a la cual hacéis bien en estar atentos como a una antorcha que alumbra en lugar oscuro, hasta que el día esclarezca y el lucero

45

de la mañana salga en vuestros corazones; entendiendo primero esto, que ninguna profecía de <u>la Escritura</u> es de interpretación privada," 2Pedro 1:19,20

El mandamiento de sostener a los siervos de Dios que viven para el evangelio, está sostenido en base a la ley judía. 1 Corintios 9:7-11

"¿Quién fue jamás soldado a sus propias expensas? ¿Quién planta viña y no come de su fruto? ¿O quién apacienta el rebaño y no toma de la leche del rebaño? ¿Digo esto sólo como hombre? ¿No dice esto también la ley? Porque en la ley de Moisés está escrito: No pondrás bozal al buey que trilla. ¿Tiene Dios cuidado de los bueyes, o lo dice enteramente por nosotros? Pues por nosotros se escribió; porque con esperanza debe arar

*el que ara, y el que trilla, con
esperanza de recibir del fruto.
Si nosotros sembramos entre
vosotros lo espiritual, ¿es gran
cosa si segáremos de vosotros lo
material?"*

Lo más interesante, entre los argumentos de Pablo, es que va a usar el antiguo testamento para defender el sustento para quienes trabajan en el ministerio del nuevo testamento. Pero no lo usa como un simple ejemplo a seguir, sino como una referencia y un mandato directo de Dios para la iglesia. Es decir, que el antiguo testamento estaba siendo aplicado directamente a la iglesia de Cristo.

1. "No pondrás bozal al buey que trilla." (v.9)

- Pablo usa la ley del antiguo pacto (Dt.24:4) para aplicarla directamente sobre los siervos que viven para el evangelio (También lo hizo en 1Tim.5:18).

- Según Pablo, el mandato para alimentar a los bueyes fue escrito en parte por los bueyes pero enteramente por los siervos del Nuevo Testamento ("*por nosotros se escribió*" vv.9, 10).

- Así como al buey se le dejaba comer del grano en el que trabajaba, de la misma manera, se debe dejar el sustento a los que sirven al Señor en la predicación del evangelio en el tiempo de la gracia. vv.8-9

- Pablo dice que así como aquel que trilla, o el que ara la tierra, lo hace con esperanza de recibir del fruto de su trabajo. Es natural que los que siembran lo espiritual cosechen el fruto material de aquellos a quienes ministran. vv.10-11

2. "El caso de las cosas sagradas en el templo judío." (v. 13)

> "*¿No sabéis que los que trabajan en las cosas sagradas, comen del templo, y que los que sirven al altar, del altar participan?*"

- Pablo hizo aquí, una referencia a los sacerdotes y levitas del antiguo testamento.

- Esto también es una referencia a los diezmos y ofrendas que, según Números 18, debían ser usados para sostener a los que sirven en el altar.

La identificación directa con los siervos del Nuevo Testamento:

- Pablo dice: "Así también ordenó el Señor a los que anuncian el evangelio, que vivan del evangelio" (v.14).
- Un mandamiento directo del Señor era que los siervos que viven consagrados al evangelio sean sostenidos tal y como lo eran los siervos del Antiguo Testamento.

Basándonos en esta gran verdad, no tiene nada de malo que los siervos de Dios en el nuevo testamento sean sostenidos mediante el principio del diezmo. Por lo tanto, quién diga que el diezmo no es mencionado o tratado como principio en el nuevo testamento miente o ignora capítulos como este.

Pablo dijo que las Sagradas Escrituras (El Antiguo Testamento) nos pueden hacer sabios para el servicio.

> "Toda la Escritura es inspirada por Dios, y _útil_ para _enseñar_, para _redargüir_, para _corregir_, para _instruir_ en justicia, a fin de que el hombre de Dios sea perfecto, enteramente preparado para toda buena obra." 2Timoteo 3:15-17

No la desechó. Sino que dijo que toda (y toda es toda) la Escritura del Antiguo Testamento es útil para el servicio en el ministerio del Nuevo Testamento.

Cuando Pablo dice "preparado para toda buena obra" precisamente se refiere a todas aquellas cosas buenas que por la Escritura aprendemos a practicar como principio, no tanto como ley rigurosa sino como aquello que agrada a Dios.

Apéndice B

¿PODEMOS LOS CRISTIANOS PRACTICAR LA LEY?

Bueno, en base a todo lo que estamos observando hasta ahora, no sólo <u>podemos</u> practicar la ley, sino que <u>debemos</u> practicarla.

Pablo sostuvo que podemos usar la ley legítimamente.

> *"Pero sabemos que <u>la ley es buena</u>, si uno <u>la usa</u> legítimamente" 1 Timoteo 1:8*

Pablo dijo que la ley es buena si se usa legítimamente. Es la misma palabra que usó para hablar de la coronación del atleta luchador en 2 Timoteo 2:5

> *"Y también el que lucha como atleta, no es coronado si no lucha <u>legítimamente</u>."*

¿Qué es usar o hacer algo legítimamente?

Significa hacerlo siguiendo bien las reglas establecidas para ello. Podemos decir también, que es "usar algo correctamente".

Aplicando estos conceptos a la ley, podemos decir que usar la ley legítimamente es seguir las siguientes reglas que Dios ha establecido para ello:

1. Usar la ley sin buscar justificación o redención en el cumplimiento de ésta. Ro.3:20; Gá.2:16

2. Usar la ley como un ayo (maestro) que conduce a las personas hasta Cristo. Gá.3:24; Ro.10:4

3. Usar la ley para su fin práctico que es el amor. Ro.13:9; Gá.5:14

4. Usar la ley para la buena enseñanza y perfección de los creyentes. Ro.15:4; 2Ti.3:15-17

5. Usar la ley para cumplir el gran mandamiento. Mt.22:36-40

6. Usar la ley para guardar el espíritu más no la letra de la ley. Ro.7:6; Lc.11:41.

7. Usar la ley aplicando la condenación de la misma sólo al incrédulo. 1Timoteo 1:9

CONCLUSIÓN. Todos los principios que hemos mencionado, y muchos otros principios más, no pueden rechazarse sólo por estar contenidas y basadas en el Antiguo Testamento. De hacer ello, estaríamos cometiendo el error más grande.

De manera que, el argumento de que "el diezmo no puede practicarse porque es algo concerniente al Antiguo Testamento" carece de sustento y fuerza. No es un argumento válido y si se insiste en validarlo, tendríamos que rechazar también la práctica de todos los demás principios cristianos que están sostenidos en el Antiguo Testamento.

Error #5: Abolir la práctica del diezmo porque ahora estamos en la dispensación de la gracia.

1. ¿Se cumple el pensamiento de un nuevo y mejor pacto en la práctica ofrendaría de los opositores al diezmo?

Difícilmente se verá a alguien que está en contra del diezmo, pelear para que la iglesia ofrende mucho más que el diezmo. Casi todos los que quieren abolir la práctica del diezmo y reemplazarla sólo por ofrendas voluntarias, quieren ofrendar menos que el diezmo y hasta no ofrendar.

Ellos usan la justificación de que el diezmo pertenece a la dispensación de la ley, pero que la iglesia está en la dispensación de la gracia por lo tanto no tienen que dar ningún diezmo.

Pero esto es una gran contradicción entre lo que proponen y lo que practican. Ya que, bajo este argumento, la iglesia tendría que dar mucho más allá que el diezmo. ¿Por qué? Porque el nuevo pacto es superior en todo sentido al antiguo.

2. ¿Se usa adecuadamente la Escritura del Nuevo Testamento con referente a las ofrendas bajo el nuevo pacto?

Los opositores al diezmo hacen gala del buen uso que le dan a los pasajes del antiguo testamento, pero nos preguntamos por qué no mencionan pasajes como el de Hechos 2:45 o 4:34 donde se dice que la iglesia daba literalmente todo lo que poseía. Pasajes como el de 2 Corintios 8:1-5, en donde se menciona a la iglesia de los macedonios dando más allá de sus fuerzas a pesar de su profunda pobreza. O pasajes como 2 Corintios 11:8 cuando Pablo dice que había despojado a otras iglesias, recibiendo salario de ellas, para servir en otra.

Si queremos tratar el asunto del diezmo bajo el tema de las dispensaciones, entonces los opositores al diezmo podrían encontrarse con un escenario mucho peor para sus propios intereses; ya que tendrían que descartar el diezmo para dar una ofrenda muy superior, incluso todo lo que poseen.

Pero los que hemos comprendido la gracia de Dios nos sentimos gozosos de poder dar como corresponde a la grandeza del favor inmerecido que hemos recibido en Cristo. El diezmo para nosotros sólo es una forma de administración, pero el "dar" se trata de entregarlo todo. Entonces, la gracia, en lugar de abolir el principio del diezmo nos lleva a vivir con un estándar mucho más alto que aquel en el que vivieron los judíos en el tiempo de la ley.

Así también lo explica John Alber, en su libro "El principio del diezmo":

"Decir que el principio del diezmo fue abolido en Cristo, es como decir que, mientras en las demás cosas, Cristo fue engrandecido sobre Moisés, en este aspecto fue degradado. Esto suena a un retroceso espiritual del evangelio. Se podría intuir que el evangelio redujo el nivel de liberalidad del hombre hacia Dios: El cristiano con más y mejores bendiciones que el judío, quiera dar menos para beneficio del mundo que el judío dando para Palestina solamente. Es igual que decir que el judío hizo más bajo la ley sin amor, que el cristiano bajo la ley del amor. Esa adoración sin amor llama mejor sacrificio al hecho bajo la ley, que el de gratitud hecho en el evangelio. Es

como si dijéramos que el Sinaí es más fuerte que el Calvario, que el fin es mejor cuando arrea Moisés que cuando Cristo llama amorosamente; y que para beneficio del mundo, con sus idolatrías y pecados, debemos regresar al 'yugo de esclavitud' del Antiguo Testamento. Tales pensamientos no podrían sostenerse a la luz de la razón, aunque no hubiera revelación de la Escritura" [4]

Por otro lado, Broda también escribe al respecto:

En el Nuevo Testamento la iglesia asume la responsabilidad de llevar adelante la Gran Comisión encomendada por Jesucristo. Para ello se necesitan dones, talentos, conocimientos, capacidad y bienes. En la medida en que los dediquemos al Señor nos serán aumentados y prosperados. Esta es la realidad comprobada de los que desde nuestra adolescencia hemos entendido esta bendita doctrina de la mayordomía. No olvidemos la parábola de los talentos.

---

[4] Sizemore, D. (2002). *Lecciones de doctrina bíblica* (Vol. 1, p. 77).

Surge aquí otro razonamiento: Si el pueblo de Israel necesitó una ley para cumplir con la voluntad de Dios sobre el diezmo y solo recibió bendiciones cuando la cumplió ¿seremos menos nosotros que por gracia hemos recibido el evangelio de Jesucristo? Yo no quiero ser menos, ¡quiero ser más! Pero lo quiero hacer por amor a Aquel que se dio a si mismo por mí. Quiero sobreabundar como Él sobreabunda conmigo. «...Y poderoso es Dios para hacer que abunde en vosotros toda gracia, a fin de que, teniendo siempre en todas las cosas todo lo suficiente, abundéis para toda buena obra...» (2 Corintios 9:8).[5]

---

[5] Broda, A. (2001). *Administración: Principios gerenciales para líderes cristianos* (p. 133).

Apéndice C

NUESTRO EJEMPLO MÁXIMO: EL SEÑOR JESUCRISTO.

Jesús Habló sobre el diezmo sin condenarlo.

Es más, él mismo dijo que no había venido a abrogar sino a cumplir. Lo que queda abrogado de la ley es aquello que servía como medio de propiciación temporal porque anunciaba la propiciación perfecta de Cristo.

Era lógico que estando Cristo, estas ceremonias de propiciación no son requeridas más, pero el corazón de la ley seguía vigente.

Los principios no fueron abrogados.

Todo aquello de la ley que era para el servicio y la buena convivencia seguiría rigiendo como principios para el pueblo espiritual del Señor, la iglesia. Encima, estos principios tendrían un estándar incluso más alto; como también lo enseñó Jesús en el sermón del monte (Mateo 5-7).

¿Qué Dijo Jesús del diezmo?

Ahora, sobre el diezmo, Jesús sólo dijo lo suficiente:

"Esto era necesario hacer sin dejar de hacer aquello" (Lc.11:42)

Jesús enseñó que se debe practicar el diezmo con actitud de fe y de misericordia.

Pero, espere un momento, me dirán algunos, Jesús estaba enseñando esto cuando aún se estaba en la dispensación de la ley, estaban bajo el antiguo pacto y dirigiéndose a un pueblo específico, Israel.

Precisamente eso es lo maravilloso, que luego Jesús encomendó como un gran mandamiento enseñar a guardar TODO lo que él había enseñado a los nuevos discípulos que creyeran en él (Mateo 28:19-20).

Jesús sabía que todo lo que él había enseñado sería trasmitido como principios de vida para los creyentes que pasarían a formar parte de Su iglesia. Si el diezmo fuese algo que la iglesia no debería de practicar Jesús hubiera tenido una buena razón para señalarlo allí mismo.

Si no enseñamos lo que él dijo en cuánto al diezmo, entonces no deberíamos enseñar tampoco a bautizarse, ni ninguna otra enseñanza que él dio a sus discípulos.

> "Si el diezmo era algo que terminaba con la venida de Jesús y no existiría en la iglesia neotestamentaria, el Señor tenía aquí una muy buena oportunidad para aclararlo y hacer como hizo con la pascua. En el momento que estaba participando de ella con sus discípulos, dio por terminado el viejo pacto y presentó el nuevo pacto en su sangre. Aquello no va más, ahora hay una nueva forma de celebrar este acontecimiento (Mateo 26:17–29). Al no hacerlo así con el diezmo significa que continuaba."[6]

---

[6] Ibíd., p. 131.

Error #6: Despreciar el diezmo porque el pueblo diezmaba productos comestibles y no dinero.

Algunos sugieren que como en la ley se daba el diezmo en alimento y no en dinero, hoy la iglesia tiene que dar sus diezmos también en productos alimenticios.

Este asunto tenemos que comprenderlo muy bien. No se entiende cómo puede haber corazones tan mezquinos que con tal de no diezmar ni ofrendar debidamente, levantan argumentos absurdos como este.

En primer lugar, es falso que los Israelitas diezmaban sólo productos agrícolas, también diezmaban del ganado y la pesca (Lv.27:32). Es falso también que sólo la parte agrícola de la población diezmaba. Cuando Dios increpa al pueblo en Malaquías, por no diezmar, dice: "La nación toda..." Todos diezmaban.

También es necesario entender que el diezmo no era la única ofrenda de sostenimiento (Dt.12:6). Esto sólo para aclarar ciertos detalles.

Pero hablando sobre si se debe diezmar en dinero o no.

1. Primero, tenemos que recordar que cuando Israel daba sus diezmos, se trataba de una nación y de sus tributos.

   - La gran mayoría de la población se dedicaba a trabajar la tierra para su sustento; luego el ganado, la pesca y otros.

   - Era natural que sus ingresos sean esos productos y diezmaran eso mismo.

   - ¿Había alguna oportunidad donde se diezmaba en dinero? SI, cuando se quería rescatar el diezmo, se debería diezmar el precio del producto sumando la quinta parte de su precio (Lv.27:31).

   - Si en la actualidad hay cristianos que se dediquen enteramente a la agricultura como medio de subsistencia y coman sólo de aquello, es natural también que ellos diezmen sus productos.

2. Por otra parte, debemos entender que Israel como nación ofrecía también la educación y el sustento formal y legal de las personas.

- Los sacerdotes y levitas no tenían por qué preocuparse por su familia porque eran sostenidos en alimento, hogar, educación y oficio.

- También heredaban ciudades y tierras (Números 35:1-3; Levítico 25:31-34: Josué 21), cultivos, casas y animales (Números 35:5).

- Además, los hijos de los sacerdotes heredaban el oficio sacerdotal de sus padres (Números 8:18,19).

3. Sin embargo, hay un enorme contraste con la iglesia actual:

- Hoy en día, la iglesia no ofrece educación gratuita, ni da carreras y oficios a los creyentes o a los hijos de los ministros. Si esto se pudiera hacer sería excelente, pero no es una labor de relevancia para la iglesia, ya que nuestra misión es puramente espiritual, no somos un país como lo era Israel.

- Tampoco los hijos de los ministros heredan hoy los oficios ministeriales de sus padres.
- Es natural que los ministros tengan que desarrollarse en la vida como cualquier persona; sostener un hogar, pagar tributos, atender necesidades de su familia y de su casa, dar educación a sus hijos, etc.
- Esto no se puede hacer solamente con productos comestibles. El ministro, como cualquier otro hermano o persona, necesita de ingresos financieros para sostener su hogar.

Así que, a los que presentan el argumento de que los que reciben el diezmo deberían recibir sólo productos comestibles se les debe responder que eso sería actuar de acuerdo al diezmo de la ley y que por lo tanto se tendría que también brindarle todo lo demás correspondiente como ciudades, tierras de cultivos, animales y oficios. Con lo cual, estoy seguro, no estarían para nada de acuerdo.

Algunos responden a esto diciendo que para eso los pastores tienen que trabajar igual que el resto. A eso respondemos en el siguiente punto.

Error #7: Despreciar el diezmo por creer que el ministro de Dios debe trabajar igual como todos los demás.

Otro argumento totalmente fuera de lugar. Los que rechazan sostener a los siervos de Dios porque les exigen trabajar de la misma manera como todos lo hacen, para ser justos deben exigirse, de la misma manera, a servir como pastores y maestros tal y como lo hacen los ministros.

Seamos conscientes.

Se ha comprobado que la iglesia que tiene a un pastor trabajando secularmente, en la gran mayoría de casos, no crece ni espiritual, ni numéricamente, no abre nuevas misiones, etc.

Lo que decimos es que el pastor que trabaja secularmente no podrá dedicarse por completo a la obra de Dios, sino que lo hará de una manera deficiente. Esto es porque en sí el pastorado es ya un trabajo y un trabajo muy agotador.

De hecho, según las estadísticas, el trabajo en el pastorado es uno de los trabajos más agotadores en el mundo.

Seamos realistas.

Si alguno piensa que un pastor que no puede trabajar secularmente y pastorear al mismo tiempo es porque no está en el poder de Dios o que no ha sido llamado al ministerio, les invitamos a recordar a Pedro y a los apóstoles en la iglesia del primer siglo.

Pedro dijo algo interesante al respecto del trabajo ordinario, que aunque también se trataba de un servicio para la iglesia éste le dificultaba mucho para su labor espiritual:

> *"Entonces los doce convocaron a la multitud de los discípulos, y dijeron: No es justo que nosotros dejemos la palabra de Dios, para servir a las mesas. Buscad, pues, hermanos, de entre vosotros a siete varones de buen testimonio, llenos del*

*Espíritu Santo y de sabiduría, a
quienes encarguemos de este
trabajo. <u>Y nosotros
persistiremos en la oración y en
el ministerio de la palabra</u>."*
(Hechos 6)

Seamos recíprocos.

El trabajo espiritual es un trabajo extraordinario.
De no creer que esto es así, invitamos a los
opositores del diezmo a que se dediquen al
pastorado y trabajen secularmente como lo
hacen, al mismo tiempo, y que al hacerlo
cumplan con excelencia y al 100% ambas cosas.
Verán que es algo totalmente imposible de hacer.
Y no sólo eso, lastimosamente, lo que más
descuidarán será el trabajo espiritual.

Seamos bíblicos.

Por otro lado, más importante todavía, la Biblia
establece que alguien que se dedique al servicio
del evangelio debe vivir del mismo (1 Corintios
9:14). Este es el único argumento que
necesitamos para sostener a los ministros de
hoy.

En dos oportunidades, al tratar de este asunto, Pablo usa la palabra salario:

- En 1 Timoteo 5:18.

  Donde dice *"Digno es el obrero de su salario"* (citando Lc.10:7)

- En 2 Corintios 11:8.

  Donde habla del salario que él recibía de otras iglesias para servir en Corinto.

Apéndice D

¿EN VERDAD SON VOLUNTARIAS LAS OFRENDAS QUE DAMOS?

Porque ¿quién soy yo, y quién es mi pueblo, para que pudiésemos ofrecer "voluntariamente" cosas semejantes? Pues todo es tuyo, y de lo recibido de tu mano te damos.

(1 Crónicas 29:14)

1. NO ES VERDAD.

En el sentido de que no damos nada que sea nuestro, pues todo es de Dios. Y no damos nada que Dios no nos haya enseñado o mandado a hacer. Pensar (de manera absoluta) que uno le da a Dios "voluntariamente" es pensar que lo que tenemos es nuestro (o lo hemos ganado) y que, de alguna manera, Dios tiene que estar "agradecido" con nosotros por la iniciativa que tenemos.

Ante este pensamiento, la Biblia pregunta:

¿Quién le dio a él primero, para que le fuese recompensado? (Romanos 11:35)

2. SI ES VERDAD.

Sólo en el sentido de que cuando damos, lo hacemos sin presión alguna de parte del hombre. Dicho de otra manera, no debemos dar porque nos sintamos obligados por alguien más a hacerlo. Nuestro dar, debe obedecer únicamente al principio aprendido en el primer punto. Esto se traduciría en una verdadera adoración.

CONCLUSIÓN:

Entonces, dar voluntariamente no significa: *"si quiero doy"* o *"si no quiero no doy"*. Tampoco significa "*doy lo que quiero dar*".

Dar voluntariamente significa: "*No necesito que nadie me obligue, soy consciente de algo: que lo que tengo le pertenece a Dios; doy por adorarle; doy porque él me dio a mí primero; doy porque él me lo pide; doy porque le creo a él; doy porque debo hacerlo*".

EL DIEZMO COMO PRINCIPIO.

Algunos nos acusan de querer imponer la ley mosaica a la iglesia de Cristo cuando enseñamos sobre la práctica del diezmo. Pero eso no es verdad. Si quisiéramos imponer el diezmo de la ley tendríamos que hacerlo forzosamente de la siguiente manera:

1. Tendríamos que dar no sólo el sustento alimenticio a los siervos sino todo lo necesario para sostener a su familia y a sus generaciones, como: Casa, terrenos, oficios, educación, etc. Tal y como se hacía en la ley.

2. La iglesia tendría que traer, por obligación, exactamente el 10% de lo que haya prosperado. No más ni menos que el 10%.

3. Se obligaría a dar la ley del rescate del diezmo. La iglesia tendría que dar de todo lo que haya obtenido; sean regalos, animales, ofrendas o cosas recibidas. Si el hermano deseara quedarse con la parte de sus cosas

tendría que pagar un rescate adicional, la quinta parte del precio del objeto. Lv.27:31

4. La iglesia tendría que dar diferentes tipos de diezmo:

- El diezmo por un año de cultivo. Dt.14:22

- El diezmo de cada tres años para los necesitados. Dt.14:28

- El diezmo del diezmo. Núm.18:26

- Todas las ofrendas que acompañaban al diezmo. Dt.12:6, 11; 2Cr.31:5

- Todos los creyentes tendríamos un solo lugar para entregar el diezmo. Etc.

5. La iglesia tendría que ponerse bajo la maldición de la ley. Mal. 3:8,9

Entonces, los cristianos tenemos que marcar una gran diferencia entre el diezmo judío y el diezmo de la iglesia.

- El diezmo judío tenía sus limitaciones, era rígido y estricto. Además, era una obligación para todos.
- El diezmo de la iglesia es dado no por ley sino como un asunto de amor y

conciencia, como un principio aprendido, una verdad que se mantiene inalterable en el tiempo así como las otras verdades Antiguo testamentarias.

La iglesia puede dar tranquilamente su diezmo mediante algunas verdades:

1. POR PRINCIPIO DE VOTO.

Un voto es una consagración, es algo ofrecido por honor, voluntad, lealtad y gratitud. El voto es un principio que se mantiene desde antes de la época de la ley.

Como cristianos podemos hacer un voto voluntario de reconocer nuestros diezmos al Señor. Las dos veces que aparece la palabra "diezmo" en el Génesis, son un caso de voto:

Génesis 14:20.

"y bendito sea el Dios Altísimo, que entregó tus enemigos en tu mano. Y le dio Abram los diezmos de todo."

Génesis 28:22.

"Y esta piedra que he puesto por señal, será casa de Dios; y de todo lo que me dieres, el diezmo apartaré para ti."

2. POR PRINCIPIO DE CONCIENCIA.

La conciencia es otro de los principios inalterables, en la enseñanza bíblica, a través de toda la historia. La conciencia nos dicta que es Dios el dueño de todo, aún de nuestras propias vidas.

El cristiano que libremente hace voto de dar su diezmo al Señor es porque le está reconociendo dueño de todo. No debemos preguntarnos si ahora se manda, o no, a dar los diezmos a la iglesia como si estuviéramos en la ley, más bien deberíamos preguntarnos qué principios sostenían el mandamiento del diezmo en los tiempos de la ley.

Al igual que el mandamiento sobre ser santos, para los creyentes del nuevo testamento, descansaba sobre la verdad o principio del antiguo testamento de que "Dios es Santo" (1Pedro 1:16), el mandamiento del diezmo era sostenido sobre el principio de que todo le pertenece a Dios. El principio se mantiene inalterable en el tiempo, existe desde antes de la ley, porque los principios vienen del carácter y esencia de Dios.

Levítico 27:30.

"Y el diezmo de la tierra, así de la simiente de la tierra como del fruto de los árboles, de Jehová es; es cosa dedicada a Jehová."

Hageo 2:8

Mía es la plata, y mío es el oro, dice Jehová de los ejércitos.

1 Crónicas 29:11

"porque todas las cosas que están en los cielos y en la tierra son tuyas. Tuyo, oh Jehová, es el reino, y tú eres excelso sobre todos."

1 Crónicas 29:14

"Porque ¿quién soy yo, y quién es mi pueblo, para que pudiésemos ofrecer voluntariamente cosas semejantes? Pues

todo es tuyo, y de lo recibido de tu mano te damos."

3. POR PRINCIPIO DE ORGANIZACIÓN.

En base a los dos primeros principios (voto y Conciencia) se da y mantiene este tercer principio: Dar el diezmo por acuerdo mutuo.

Si bien es cierto que muchos principios y hasta doctrinas no están establecidas en la Biblia de forma literal, si lo están de forma implícita. El diezmo es uno de los principios que está implícito en el Nuevo Testamento.

Algunas de las costumbres o prácticas de la primera iglesia no se dieron por revelación especial, sino más bien por acuerdo mutuo de los líderes y de las iglesias.

El ejemplo de Éfeso y el fondo para las viudas.

La iglesia local es autónoma y puede hacer consensos con suma libertad y unanimidad. Por ejemplo, la iglesia del nuevo testamento no tuvo un mandamiento directo ni general en la que diga que cada iglesia deba tener un fondo especial para sostener a las viudas. Pero la Iglesia en Éfeso hacía esta práctica en honor a las necesidades que se presentaban en su ciudad y Pablo les escribe no para mandarles a hacer sino para que sepan cómo ordenarse en esa práctica que ellos habían comenzado a hacer por mutuo acuerdo.

No vemos que este mandamiento se vuelva a repetir para con otra iglesia, era para la iglesia de Éfeso y aun así es un principio del cual nosotros aprendemos y nadie dudaría en practicar hoy, aunque no esté dado de forma directa para cada iglesia.

El ejemplo de Jerusalén y el acuerdo de darlo todo.

Lo mismo vemos con el acuerdo que la iglesia judía hizo para vender todas sus propiedades y repartir las ganancias a todos por igual (Hechos 2-4). No vemos, en ninguna epístola, que esto sea un mandamiento o ley para todas las iglesias.

Ellos tomaron un común acuerdo para establecer esta práctica, pero queda como un principio para que nosotros hoy lo practiquemos con toda libertad.

Pero aunque ésta sea una práctica de la iglesia en el Nuevo testamento, nadie dicta aquello como una ley para la iglesia hoy. Sin embargo, hay un principio que allí se mantiene inalterable: La iglesia es libre de tomar acuerdos particulares.

El ejemplo de los gentiles y la ayuda para Jerusalén.

Lo mismo, luego, con las iglesias gentiles que acordaron dar sus ofrendas para enviar socorro a los hermanos de Jerusalén que estaban pasando hambruna. Los opositores acérrimos del diezmo no se dan cuenta que todos los versos usados por ellos, para la defensa de la ofrenda voluntaria en lugar del diezmo, son versos que hablan de ofrendas que se tomaron en común acuerdo, no por todas las iglesias sino, por algunas iglesias gentiles (Macedonia y Acaya). Algunos de estos pasajes son: Romanos 15:26; 1Corintios 16; 2Corintios 8.

Entonces, no se entiende como pretenden imponer una ley para la iglesia llamada "ofrenda voluntaria" cuando éste es un principio que descansa sobre el común acuerdo de ciertas iglesias y no una norma dada para cada iglesia, están cayendo en el mismo agravio del cual pretenden "defendernos".

De esta misma manera, y como otros muchos acuerdos de las iglesias en el NT, la iglesia de hoy también puede acordar libremente dar sus diezmos u ofrendas para las necesidades propias de cada iglesia.

4. POR PRINCIPIO DEL BUEN EJEMPLO.

La iglesia de hoy puede dar tranquilamente sus diezmos amparados en el principio de seguir los buenos ejemplos de antaño.

Romanos 15:4

Porque las cosas que se escribieron antes, para nuestra enseñanza se escribieron, a fin de que por la paciencia y la consolación de las Escrituras, tengamos esperanza.

Las prácticas buenas se pueden practicar tranquilamente, es por eso que muchos judíos, convertidos a la iglesia y hechos siervos de Dios, seguían practicando sus costumbres de la ley judía. La falta estaba en imponer eso sobre los demás, no en practicarlas.

5. POR PRINCIPIO DE FE.

El dar libremente nuestros diezmos implica una cuestión de fe. Uno se despoja así mismo por las necesidades presentes alrededor.

Este cuadro lo vemos en las entregas de las primicias, cuando el pueblo daba el primer fruto de su sustento a Dios estaba confiando en que Dios supliría sus necesidades. Esto es contrario a los que hoy no quieren dar sus primeras ganancias a Dios, simplemente es porque no le creen.

Miremos el ejemplo de los Filipenses (Macedonios), que por voluntad entregaban sus ofrendas en sacrificio para el sustento de Pablo y se les recalca una promesa de sostenimiento en base a su fe y amor:

Filipenses 4:19

Mi Dios, pues, suplirá todo lo que os falta conforme a sus riquezas en gloria en Cristo Jesús.

6. PRINCIPIO DE AMOR.

Quizá la más grande motivación para dar nuestros diezmos sea el amor. Amor a Dios, amor a su obra, amor a los santos. Es este principio el que motivó a Pablo a trabajar con sus manos, y a las iglesias amorosas a dar con generosidad en medio de su pobreza.

Efesios 4:28

El que hurtaba, no hurte más, sino trabaje, haciendo con sus manos lo que es bueno, para que tenga qué compartir con el que padece necesidad.

Romanos 12:13

Compartiendo para las necesidades de los santos; practicando la hospitalidad.

Tito 3:14

*Y aprendan también los
nuestros a ocuparse en buenas
obras para los casos
de necesidad, para que no sean
sin fruto.*

1 Juan 3:17

*Pero el que tiene bienes de este
mundo y ve a su hermano
tener necesidad, y cierra contra
él su corazón, ¿cómo mora el
amor de Dios en él?*

7. PRINCIPIO DE SUMISIÓN.

Finalmente, aún con todos los obstáculos o refutaciones que un alma indolente podría presentarnos, se mantiene el principio de la sumisión para la iglesia.

El pastor es el encargado de llevar la visión adelante y cuando un siervo propone un común acuerdo de diezmos, porque es de suma necesidad en la obra, entonces la iglesia con gozo, humildad y obediencia debe estar sumisa y dispuesta a cumplir con este encargo.

Hebreos 13:17

Obedeced a vuestros pastores,
y sujetaos a ellos; porque ellos
velan por vuestras almas, como
quienes han de dar cuenta;
para que lo hagan con alegría,
y no quejándose, porque esto no
os es provechoso.

IMPORTANTE: *Queda excluido este principio cuando los líderes espirituales usan el diezmo para su provecho personal o avaricia. Una iglesia cuyas ofrendas satisfacen todas las necesidades de la obra no tiene necesidad de acordar recoger los diezmos. El principio del diezmo debe ser usado única y explícitamente para satisfacer necesidades latentes y no para enriquecer materialmente a la iglesia o a sus líderes.*

MITOS Y ABUSOS EN CUANTO AL DIEZMO:

Mito 1: "No diezmar es robarle a Dios".

Esto es un mito que se origina de la mala enseñanza: "el 10% le pertenece a Dios y el 90% es tuyo" Esto es Falso, porque no el 10% sino el 100% es de Dios.

Nosotros sólo somos administradores suyos. Así que, puede que una persona esté siendo muy cumplida y exacta en dar su diezmo pero si usa mal el otro 90% igual le está robando a Dios.

"Uno de esos conceptos es que "el diezmo es del Señor". Esa expresión (a pesar de que nosotros, como pastores, la entendemos perfectamente bien), está llevando a muchos de nuestros feligreses latinos a la confusión de pensar que "si el

diezmo es del Señor, el otro 90%
restante debe ser mío para
manejarlo y gastarlo como
quiero". Deberíamos animar a
nuestras ovejitas a practicar el
diezmo, pero siempre decir
desde el púlpito lo que enseña la
Palabra de Dios: El cien por
ciento es del Señor (Salmos
24:1) y nosotros le damos a Él
ide lo que ya es de Él! (1
Crónicas 29:11–14). En el Nuevo
Testamento, la actitud de
diezmador de Abraham no
representa la meta que tenemos
por delante. La actitud
dadivosa que debe ser nuestra
meta es la de la viuda en el
templo (Marcos 12:42 y Lucas
21:2)." [7]

---

[7] Panasiuk, A. G. (2004). <u>Las finanzas personales del</u>
<u>plantador de iglesias</u>. En *Sembremos iglesias*
saludables: Un acercamiento bíblico y práctico a la
plantación de iglesias (pp. 603–604). Miami, FL:
Universidad FLET.

Mito 2: "Debemos pagar nuestros diezmos"

En muchos lugares aún se usa esta frase para referirse a la obligación de diezmar que tienen todos los cristianos. Esto es casi parecido a lo que sería un sistema de tributo.

Lo cierto es que el diezmo no es un pago. Como ya vimos, el diezmo es una ofrenda de amor que damos por principio bíblico. Debemos tener cuidado con el legalismo.

"Otra de las expresiones que deberíamos cambiar es la de "pagar los diezmos". Nosotros, los cristianos no "pagamos" diezmos, los damos. Hay una gran diferencia de actitud entre "pagar" y "dar". La primera (en muchos casos una expresión cultural y costumbrina), indica que se ha recibido un servicio o se ha contraído una obligación. Nosotros pagamos por el servicio de luz, de gas... pagamos el alquiler o pagamos

por las compras que hacemos. Las ofrendas no se pagan, se dan. Esta última expresión indica la correcta enseñanza bíblica: nosotros le damos a Dios nuestros diezmos y ofrendas en forma totalmente voluntaria, no por obligación, ni por presión emocional porque "... Dios ama al dador alegre" (ver, como ejemplo, los pasajes de Éxodo 25:2; 35:5; 2 Crónicas 29:6, 9, 14 y 17; Esdras 7:15 y 16; 2 Corintios 9:7)." [8]

Mito 3: "Debemos diezmar para recibir más"

Los que piensen de esta manera están rebajando la adoración a Dios a un simple acto comercial.

Muchos están viendo en el diezmo una oportunidad como la de un negocio fácil.

---

[8] Ibíd., (p. 604).

Entonces, con toda certeza, podemos decir que ellos sólo dan por conveniencia.

El pastor Andrés Panasiuk resalta cosas importantes acerca de esto:

Es una profunda verdad bíblica el hecho de que cuando damos, el dador se beneficia tanto como el receptor. Dios honra la actitud de desprendimiento en nuestras vidas y nos bendice cuando elegimos amarlo más que al dinero (Malaquías 3:3–10). Dar es mucho mejor que recibir (Hechos 20:35); y cuando sembramos generosamente, también cosecharemos generosamente (2 Corintios 9:6).

Sin embargo, debido a la infiltración de la filosofía mundana del materialismo, estamos escuchando hoy en día un énfasis desequilibrado en los beneficios del dar, que está llevando a nuestro pueblo a asumir la actitud equivocada: dar para recibir.

Dar de esta manera de nada aprovecha al dador y nos lleva a alimentar al "viejo hombre", desarrollando el amor por las cosas materiales, el pecado de la codicia y dando por interés en lo que se habrá de recibir (ver el pasaje de Santiago 4:2–6). Por supuesto, este tipo de "táctica" al pedir dinero da muy buenos resultados (y creo que por eso se ha hecho tan popular). Sin embargo, la Palabra de Dios nos advierte claramente que dar por interés, en vez de por amor, de nada nos sirve (1 Corintios 13:3).[9]

---

[9] Ibíd., (p. 604)

Mito 4: "El Diezmo es un indicador de una buena condición espiritual".

En muchas iglesias existe la norma que los que quieren participar en el ministerio o ser considerados como miembros activos de la congregación tienen que estar diezmando fielmente durante cierta cantidad de tiempo. Esto lo hacen pensando que si alguien es fiel en sus diezmos entonces tal persona goza de una buena salud o estatura espiritual.

Pero esto es sólo un mito, son muchos los creyentes que están bien espiritualmente pero pasan por momentos en los que le son imposible diezmar. Así como hay muchos que dan cumplidamente su diezmo y carecen de una buena condición espiritual. El caso del fariseo frente al publicano es un claro ejemplo de ello. Lucas 18:12.

Mito 5: "Quienes no dan su diezmo, no son aptos para el ministerio".

Esto tiene relación con lo dicho anteriormente. Es otro mito, muy mal usado. Esto sólo es manipulación disfrazada de espiritualidad.

El ministerio tiene que formar nuestras vidas en los principios de Dios, las obras no son las que deban llevarnos al ministerio (1Timoteo 12:14).

El diezmo no debe ser requisito para participar en el servicio cristiano o en el ministerio. El requisito debe ser que los hermanos mantengan una actitud de siervos mansos y humildes, como lo enseñó Cristo.

Esto se logra con discipulado, consejería y buena enseñanza, más no con exigencias o chantajes.

Mito 6: "El diezmo es solamente para el pastor".

Si yo tuviera otro tipo de corazón este mito me caería muy bien, sin embargo el corazón de siervo me hace denunciar esto como una mentira.

Si haríamos que el diezmo sea sólo para el pastor, no sólo dejaríamos de cumplir fielmente el mismo principio del diezmo, sino que sólo estaríamos abusando de dicho principio.

Ni siquiera en el diezmo de la ley sucedía que todo lo recaudado por el diezmo era sólo para los ministros espirituales.

El pastor como también los siervos que enseñan y ministran en la iglesia, deben ser sostenidos con lo necesario para su alimento y el sostén de sus familias (1 Timoteo 5:17,18). El resto del diezmo debe ser usado para las necesidades de los creyentes; sobre todo viudas, huérfanos, y hermanos muy pobres.

Nos encontramos también con otro factor que distorsiona la correcta responsabilidad en la administración. Algunos pastores de congregaciones, interpretando erróneamente algunos pasajes de las Escrituras, retienen para sí los diezmos, y determinan que sean para la iglesia las ofrendas. Esto ha traído enormes problemas que han trascendido a la iglesia, instalándose en la sociedad comentarios perjudiciales para el evangelio de Jesucristo al ver a ciertos pastores lograr enriquecimiento a través de este proceder. No es que estemos en contra de que el pastor logre una adecuada estabilidad económica, sino que objetamos el procedimiento. ¿Dónde queda el sentido de responsabilidad que el apóstol Pablo nos adjudica a los creyentes? «...para que seáis irreprensibles y sencillos, hijos de Dios sin mancha en medio de una generación maligna y perversa, en medio de la cual resplandecéis como luminares en el mundo...» (Filipenses 2:15).[10]

---

[10] Broda, A. (2001). <u>Administración: Principios gerenciales para líderes cristianos</u> (pp. 119–120).

¿CÓMO PUEDO DIEZMAR CON LIMPIA CONCIENCIA?

Hemos presentado una defensa del diezmo como principio (no como ley), hemos analizado los principios bíblicos correctos para diezmar con agrado, también hemos informado acerca de los mitos que suelen usarse para abusar de la enseñanza del diezmo. Ahora podemos responder la pregunta que nos habíamos formulado desde el principio: ¿Cómo diezmar con limpia conciencia?

A. Considere las siguientes preguntas antes de diezmar:

¿Es su actitud correcta para dar?

Dios desea que usted dé su ofrenda con las mejores actitudes:

- Perdonando y arreglando cualquier altercado. Mt.5:23,24

- No busque hacer un negocio con Dios. Su ofrendar tiene que ser desinteresado o incondicional. 2Co.9:7a
- Ofrende con alegría y voluntariamente (Sin presiones). 2Co.9:7b
- Rechace cualquier deseo de ser admirado por los demás a la hora de dar su diezmo. Mt.6:2; Lc.18:12
- No mire a ver cuántos están cumpliendo con sus diezmos. Gá.6:4
- Hágalo con la actitud de un buen ADORADOR.

¿Da en porcentaje a lo que tiene?

Si en su congregación le obligan a dar una cantidad exacta (Por ejemplo: 100 dólares, 500 dólares, etc.), o si le menosprecian por dar una cantidad menor al estándar esperado, no diezme.

El diezmo suyo debe ser de acuerdo a la cantidad que percibe:

"Porque si primero hay la voluntad dispuesta, será acepta según lo que uno tiene, no según lo que no tiene... como está escrito: El que recogió mucho,

no tuvo más, y el que poco, no
tuvo menos."

2Corintios 8:12-15

¿Es su iglesia una mega-iglesia lujosa?

Como ya hemos recalcado en los principios, el objetivo del diezmo es satisfacer las necesidades no para enriquecer a la iglesia ni a sus líderes.

Si su iglesia es súper lujosa no es por la bendición de Dios, sino porque sus líderes se han desviado del propósito principal de la iglesia. Y hasta es muy probable que se trate de falsos maestros que lo están estafando.

En lugar de diezmar, usted tiene que salir cuanto antes de allí. 1Timoteo 6:10.

¿Es su pastor muy adinerado? Tito 1:7

Como hemos visto ya, no todo el diezmo debe ser destinado al fondo personal del pastor.
Si su pastor es adinerado, usted tiene que averiguar la procedencia de sus riquezas. Si el

pastor se ha enriquecido a costa de los diezmos de la iglesia, salga corriendo de ese lugar.

¿Se siente presionado u obligado a dar?

¿En su congregación reprenden a los hermanos que no diezman? ¿Predican efusivamente cuando bajan las entradas de los diezmos? ¿Le acusan de ladrón o amenazan con maldición si no diezman? ¿Es una condición que usted diezme para participar en el servicio o en la membresía?

Cuando esto pasa es porque el propósito de los líderes descansa sobre lo material y no en lo espiritual.

Usted tiene que sentirse bendecido y privilegiado a la hora de participar en el sostenimiento de la iglesia. Pero si sólo se siente obligado, y que a los líderes les interesa más su dinero que su persona, entonces no debe diezmar, debe abandonar esa institución.

¿Puede tener acceso libre al informe de cuentas?

Cuando los siervos de Dios son sinceros y transparentes no tienen ninguna objeción que los libros de cuentas de la iglesia estén al alcance y disposición de los miembros de la congregación.

Si a usted no le informan regularmente de lo que se hace con el dinero, ni le permiten revisar los libros de caja, no está en la obligación de diezmar, pero si está en la obligación de salir de ese lugar.

¿Hay en su iglesia un compromiso fuerte con la sana doctrina?

El propósito principal de la iglesia es dar a conocer a Dios y alimentar con Su palabra a Su pueblo. Es un propósito espiritual más que material.

¿Cuáles son los temas que más se enseñan en su iglesia?

¿Qué tan fervientes están en el discipulado doctrinal de los miembros?

¿Se predica toda la Biblia, libro por libro, o pasajes seleccionados?

¿Se están supliendo las necesidades de los miembros más pobres?

¿En su iglesia se usan los diezmos para cuidar de los pobres, viudas y huérfanos o se usa exclusivamente para el pastor o sus líderes?

Si en su congregación, ve que los líderes están bien acomodados económicamente mientras que otros hermanos padecen hambre, y encima estos hermanos tienen que diezmar obligadamente igual que los demás, usted debe abandonar ese lugar.

B. Diezme por las razones correctas:

A continuación, colocamos una lista ordenada en forma de bosquejo, del Pastor Panasiuk; las siete maneras en que los cristianos debemos dar:

1. Para honrar a Dios (Proverbios 3:9; Hebreos 7:2–6).

2. Por amor (1 Corintios 13:3).

3. Sin demandas (Romanos 11:34-35).

4. Voluntariamente (Éxodo 35:20–29; 2 Corintios 9:7).

5. A veces sacrificialmente (Lucas 21:1–4).

6. Secretamente (Mateo 6:1–4).

7. Responsablemente (con regularidad: 1 Corintios 16:2; viendo que las ofrendas sean bien administradas: 1 Corintios 4:2).[11]

---

[11] Panasiuk, A. G. (2004). Las finanzas personales del plantador de iglesias. En *Sembremos iglesias saludables: Un acercamiento bíblico y práctico a la plantación de iglesias* (pp. 604–605).

Apéndice E:
LA PRÁCTICA DEL DIEZMO POR PRINCIPIO, EN NUESTRA AMADA IGLESIA "CRISTO ES REY"

En nuestra iglesia practicamos el diezmo como principio de la siguiente manera:

1. Cada nuevo año, hacemos una reunión con todos los miembros en la que enfatizamos que el diezmo no es una ley, y que no están bajo maldición sino diezman.

2. Al contrario, enseñamos los principios que enseñan que es un privilegio y una bendición participar en la obra con todo lo que somos y tenemos. Y además repasamos nuestra visión principal como iglesia local.

3. También explicamos que como iglesia podemos ponernos de acuerdo para varios asuntos. Uno de estos asuntos es imitar los buenos ejemplos, tanto fuera y dentro de la ley, sobre la administración del diezmo para las necesidades básicas y latentes.

4. Cada miembro es libre de tomar la palabra y opinar al respecto o proponer.

5. La iglesia toma el acuerdo en unanimidad de ofrendar (en este nuevo año) a partir de nuestros diezmos, incluyendo el pastor.

6. La iglesia define como se administrarán las entradas económicas. Para esto se pueden poner las necesidades de prioridad como rubros fijos para cada mes.

7. Cada miembro asume su responsabilidad propia de cumplir el acuerdo en el año, no hay un estricto control para ellos. El diezmo no es un requisito para el ministerio.

8. Se enfatiza que cada miembro es libre de pedir cuentas sobre la administración de las finanzas en cualquier momento que lo requiera, sin temor a que se le imponga ningún reproche.

9. La administración de las finanzas queda a cargo de hermanos ratificados por la misma congregación, el pastor no se involucra para nada en este asunto, salvo la enseñanza de los principios en el culto o discipulado, eventualmente.

10. El diezmo es contabilizado junto a cualquier otra ofrenda para satisfacer necesidades latentes. El pastor no debe recibir más de lo que es justo, ni nadie más tampoco. Si la

iglesia llega a crecer lo suficiente, y por ende también sus diezmos, el dinero es usado especialmente para levantar una nueva congregación con los mismos criterios que se hizo en esta. Y así procuramos crecer como obra de Dios y no tanto crecer materialmente. Nuestro énfasis es puramente espiritual, no terrenal.

Ninguno de nuestros miembros se siente presionado o impuesto a dar su diezmo, sino que estamos aprendiendo a hacerlo con amor y voluntariamente como iglesia unida que somos. Si desea tomar este modelo de administración del diezmo para su congregación es libre de hacerlo. Muchas bendiciones.

BIBLIOGRAFÍA:

- *Asimakoupoulos, G. (n.d.). Nueve maneras de motivar a los voluntarios. En Manual de formación de líderes. Leadership Resources.*

- *Burt, D. F. (1994). Mediador de un mejor pacto, Hebreos 7:1–9:22 (Vol. 133). Terrassa (Barcelona): Editorial CLIE.*

- *Broda, A. (2001). Administración: Principios gerenciales para líderes cristianos. Miami, Ed Unilit.*

- *Barclay, W. (2006). Comentario Al Nuevo Testamento. Viladecavalls (Barcelona), España: Ed. CLIE.*

- *Buswell, J. O., Jr. (1980). Teología sistemática, tomo 2, El Hombre y su vida de pecador. Miami, Florida: LOGOI, Inc.*

- Carson, D. A., France, R. T., Motyer, J. A., & Wenham, G. J. (2000). *Nuevo comentario Bíblico: Siglo veintiuno (electronic ed.).* Miami: Sociedades Bíblicas Unidas.

- Douglas, J. D. (1991). *En Nuevo diccionario Bíblico: 1 Edición.* Miami: Sociedades Bíblicas Unidas.

- Edersheim, A. (2009). *Comentario Bíblico Histórico. (G. P. Grayling & X. Vila, Trads.).* VILADECAVALLS (Barcelona) ESPAÑA: Editorial CLIE.

- Fee, Gordon. D. (1994). *Primera Epístola a los Corintios.* Grand Rapids, MI: Nueva Crecion.

- Gillis, C. (1991). *El Antiguo Testamento: Un Comentario Sobre Su Historia y Literatura, Tomos I-V (Vol. 5).* El Paso, TX: Casa Bautista De Publicaciones.

- Henry, M., & Lacueva, F. (1999). Comentario Bíblico de Matthew Henry. 08224 TERRASSA

- Hodges, M. L. (1975). Edificaré Mi Iglesia. Miami, FL: Editorial Vida.

- Hunt, Junt. (1990–2011). 100 Claves Bíblicas para Consejería (Vol. 62). Dallas, TX: Esperanza para el corazón.

- John G. Alber, "El principio del diezmo"; Ideogramma

- La Brújula para el Ministro Evangélico. (1979). Miami, FL: Editorial Vida.

- MacDonald, W. (2004). Comentario Bíblico de William MacDonald: Antiguo Testamento y Nuevo Testamento. Viladecavalls (Barcelona), España: Editorial CLIE.

- Panasiuk, A. G. (2004). *Las finanzas personales del plantador de iglesias. En Sembremos iglesias saludables: Un acercamiento bíblico y práctico a la plantación de iglesias*. Miami, FL: Universidad FLET.

- Pirolo, N. (1991). *Sirviendo al enviar obreros*. San Diego, CA: Emmaus Road, International.

- Platt, A. T. (1998). *Estudios Bíblicos ELA: Respuesta de Dios a las crisis (Hageo y Malaquías)*. Puebla, Pue., México: Ediciones Las Américas, A. C.

- Ramírez, A. (2010). *El Diácono. En Manual de capacitación de ancianos gobernantes y diáconos*.

- Robert, A. (2005). *Conciencia misionera II*. Barcelona, España: COMIBAM Internacional. San José, Costa Rica: CLIR.

- *Sizemore, D. (2002). Lecciones de doctrina bíblica (Vol. 1). Joplin, MO: Literatura Alcanzando a Todo el Mundo.*

- *Walvoord, J. F., & Zuck, R. B. (2001). El conocimiento bíblico, un comentario expositivo: Antiguo Testamento, tomo 6: Daniel-Malaquías. Puebla, México: Ediciones Las Américas, A.C. (Barcelona): Editorial CLIE.*

- *Caram, Daniel G. (2009); La caída y resurgimiento de la iglesia cristiana; Guatemala; Zion Christian University.*

Made in the USA
Las Vegas, NV
28 February 2024

86464687R00066